the marriage course

ritrovarSI + spoSI

Guida per coppie ospitanti ottava sessione

"Il nome e il volto dell'Amore",
Ottava sessione del The Marriage Course RitrovarSI+SpoSI, Guida per coppie ospitanti
Ideata da Mons. Renzo Bonetti,

a cura della Fondazione "Famiglia Dono Grande", www.misterogrande.org.
Edizione: Ottobre 2014

Le citazioni dalle Sacre Scritture contenute in questo manuale sono tratte da "La Sacra Bibbia" della Conferenza Episcopale Italiana della Chiesa Cattolica (Bibbia CEI 2008) e dal Catechismo della Chiesa Cattolica (CCC)

Edito da Fondazione Famiglia Dono Grande
Via Filegare 600,
Bionde di Salizzole (Verona),
Italia

Indice

Presentazione

La presente guida è pensata come supporto per i corsi del The Marriage Course RitrovarSi+SpoSi (TMC) offerti nel contesto cattolico in Italia.

Raccoglie in sé alcuni spunti di riflessione volti ad aiutare le coppie ospitanti a crescere sempre più nella consapevolezza della ricchezza di questo corso e delle sue potenzialità. Vuole inoltre presentare l'ottava sessione introdotta in Italia per il contesto cattolico e dal titolo: Il nome e il volto dell'Amore.

Il TMC

Il The Marriage Course nasce dai coniugi Nicky e Sila Lee nel 1996 presso la Holy Trinity Brompton, una chiesa anglicana nel centro di Londra. Da allora, più di 800.000 coppie hanno partecipato al corso in oltre 120 nazioni del mondo e in diversi contesti e denominazioni cristiane.

> *"Vorrei ringraziare Nicky e Sila di Relationship Central per la serie di attività attraenti e le risorse facili da utilizzare realizzate a favore del matrimonio e delle relazioni tra genitori e figli. In un modo molto pratico aiutano le famiglie a mettere la fede al cuore delle loro relazioni: una "fede" che "non è rifugio per i deboli di cuore, ma qualcosa che migliora le nostre vite" perché "ci rende consapevoli di una chiamata magnifica, la vocazione all'amore" (Papa Francesco, Lumen Fidei – 53)*
>
> *Vincent Nichols, Arcivescovo di Westminster*

Il corso offre alle coppie partecipanti la possibilità di trascorrere otto serate in un ambiente romantico e di investire nella propria relazione, indipendentemente se insieme da pochi o da molti anni, se la relazione è forte o se invece sta vivendo un momento di difficoltà, se impegnati nella Chiesa oppure lontani da cammini di fede. Per molti, il corso non solo ha rafforzato (o trasformato) la vita di coppia e matrimoniale, ma li ha portati a desiderare di esplorare ulteriormente la propria fede cristiana.

I suoi benefici in 3 punti

I benefici del TMC per le coppie che partecipano e per quelle che ospitano sono numerosi e probabilmente ancora tutti da scoprire. Tra i tanti, vale la pena soffermarsi sui seguenti tre.

1. Il TMC aiuta le coppie partecipanti

Il TMC è strumento di aiuto efficace per tutte le coppie partecipanti. Aiuta a capire l'importanza dell'investire tempo ed energie nella propria relazione di coppia.

> *"E' stato attraverso il The Marriage Course che abbiamo pienamente accettato Dio come guida nel nostro matrimonio. Il perdono inizia solamente quando chiediamo a Dio di guarirci dall'amarezza e dal risentimento. Ora stiamo ricostruendo il nostro matrimonio e comprendiamo come sia importante dedicare del tempo alla nostra relazione, prendersi cura l'uno dell'altra ed ascoltare. Tutto ciò che prima era una priorità nella nostra vita - il lavoro e gli altri impegni – ora è diventato secondario".*
>
> *Louis e Giusy, partecipanti al The Marriage Course in Italia*

Una coppia che vive bene la propria relazione vive meglio le relazioni in famiglia e con gli altri, è più motivata e creativa, dedica più attenzione all'educazione dei figli, è testimone di speranza, è più attiva nel cammino di fede, si impegna di più nel lavoro e a favore degli altri, è più disposta al sacrificio.

2. Sacramento delle Nozze in esercizio

Il TMC offre alle coppie di sposi ospitanti un'opportunità concreta di crescita nella consapevolezza del significato e della missione che hanno ricevuto nel Sacramento delle Nozze.

"Attraverso l'ambiente, l'accoglienza, la cena e le amicizie che sono nate, era evidente che lo Spirito Santo era presente nella casa di quella coppia sposata, e noi siamo stati accolti con cuore aperto".

Paolo e Erika, partecipanti al The Marriage Course in Italia

Cena dopo cena, la coppia ospitante è messa nelle condizioni migliori per esercitare il Sacramento delle Nozze, che è presenza viva e permanente di un Gesù in stato di donazione, di abbraccio, di salvezza.

"La famiglia renderà manifesta a tutti la viva presenza del Salvatore nel mondo e la genuina natura della Chiesa".

Gaudium et Spes 48

Si accorgono che nei loro singoli gesti, per la grazia del Sacramento ricevuto, è Gesù che agisce. E' Gesù che apre la porta di casa, che abbraccia, che sorride, che ascolta, che serve la cena o il caffè durante l'esercizio lungo. Si accorgono che il Sacramento ricevuto non è dono solo per se stessi, o per i propri figli, ma per tutti, per una missione grande.

3. **Strumento di evangelizzazione**

Le coppie partecipanti, anche quelle più lontane da un cammino di fede, ricevono per otto sere attenzione e amore, senza giudizio o condanna. Trovano nella casa di chi ospita un ambiente sicuro in cui sentirsi a casa, amati e importanti. Anche se non lo sanno, in quei gesti fanno esperienza di Dio Amore.

"Il The Marriage e i The Parenting Course aiutano a favorire relazioni sane, e forniscono un'esperienza umana meravigliosa e ricca per chi non frequenta la Chiesa o per i non credenti. Questi programmi, se usati in modo sapiente, possono essere un mezzo di pre-evangelizzazione, possono costruire fiducia ed apertura tali da diventare un vero e proprio ponte verso la Chiesa e la vita di fede".

Padre James Mallon, San Benedetto Parish, Halifax, Nova Scotia, Canada.

Gesti cha colpiscono e che generano una domanda: ma perché tutto questo per noi? Chi ci ospita non chiede soldi, non cerca di vendere qualcosa o di tesserarci a qualcuno. E' in questa domanda, che nasce da gesti di amore autentici, che la coppia partecipante è messa nelle migliori condizioni per un primo passo nella fede, o per riprendere un cammino interrotto, o per camminare con più gioia e slancio.

I punti di forza del TMC

Tutti questi benefici sono diretta conseguenza di due ingredienti eccezionali presenti nel TMC RitrovarSI+SpoSI:

1. Il metodo

Il metodo proposto costituito da una cena, l'insegnamento tramite DVD, gli esercizi di coppia è efficace e ben collaudato in Italia e nel mondo. Produce risultati riscontrati ormai ovunque in termini di coppie che migliorano nella relazione di coppia, matrimoni che rifioriscono, cammini di avvicinamento alla fede cristiana che iniziano o riprendono. Tali risultati sottolineano l'importanza per ogni coppia ospitante di rimanere fedele al metodo e rigorosa nella sua applicazione, a protezione delle coppie partecipanti e dell'iniziativa stessa.

2. La grazia del Sacramento delle Nozze

Il fatto che il TMC è offerto da coppie di sposi cristiani nelle loro case rende il corso possibilità di incontro ravvicinato con Gesù, sperimentabile nei gesti concreti e gratuiti di amore e vicinanza posti in atto dalla coppia ospitante, in virtù della grazia del Sacramento delle Nozze. Non si deve mai dimenticare infatti che chi salva non è il metodo, o le capacità della singola coppia che ospita, ma è sempre e solo Gesù che si rende presente attraverso un incontro.

> *"L'accoglienza in casa della coppia di sposi ospitante, la loro bellissima compagnia e i loro sorrisi, le cene deliziose e le amicizie consolidate, sono stati per noi il riflesso dell'amore che Gesù ha per ogni coppia".*
>
> *Enrico e Stella, partecipanti al The Marriage Course in Italia*

Le prime sette sessioni

Le prime sette sessioni trattano in modo ampio e chiaro la bellezza della relazione di coppia, l'importanza di investire in questo dono e di mettere Dio al centro della relazione (la ruota della relazione di coppia).

I video di queste sessioni coincidono esattamente con quelle del corso originale ideato da Nicky e Sila e diffuso in tutto il mondo, un corso che nasce nella chiesa anglicana ma i cui contenuti sono da ritenersi pienamente validi per il contesto cattolico. Non è quindi corretto dire che le prime sette sessioni sono anglicane e l'ottava è cattolica. Assolutamente no. Tutte le otto sessioni sono da ritenersi in accordo all'insegnamento della Chiesa cattolica.

I contenuti e il linguaggio di queste prime sette sessioni è volutamente pratico, piacevole e accessibile a tutti. Tutto questo incoraggia i partecipanti a seguire bene i DVD, a partecipare con più coinvolgimento, a vivere meglio gli esercizi di coppia, a sentirsi ancora in gioco, in tempo per ripartire e investire nella propria relazione.

L'ottava sessione

L'ottava sessione, preparata per il contesto cattolico in Italia, riprende i contenuti delle sette cene e li completa mostrando in modo più esplicito che il modello di amore di ogni relazione di coppia, l'esempio massimo a cui guardare è uno, è Gesù, il quale oggi come allora continua ad amare la sua sposa Chiesa attraverso i segni chiamati Sacramenti.

Un annuncio pensato per tutte le coppie partecipanti, indipendentemente se sposate, non sposate o risposate, se credenti o non credenti. Nel corso della sessione sono proposti degli esercizi, tra i quali uno lungo per dare spazio ad un approfondimento.

La coppia ospitante non deve temere di proporre questa sessione a coppie non credenti, conviventi o risposate. Deve tenere presente infatti che in tale messaggio emerge l'annuncio di un Gesù che ama tutti, nessuno escluso. Un annuncio che giunge al termine di otto serate nel corso delle quali le stesse coppie hanno fatto esperienza concreta di Gesù, senza saperlo, attraverso i gesti di amore della coppia ospitante. In questo modo il video diviene occasione per loro di intuire che quell'amore e quella gioia vissute nel corso delle serate non erano il frutto di un metodo o delle capacità particolari della coppia ospitante, ma di quello stesso Gesù annunciato nel video. E' Lui il volto dell'amore, è solo Lui il nome e il volto di quella gioia che la coppia percepisce nel cuore quando vive l'amore.

E' ovvio che una serata non è sufficiente per approfondire in modo adeguato i contenuti annunciati. Tuttavia, per come sono stati inseriti, tali contenuti andranno ad incoraggiare e ad incuriosire i partecipanti, a dire loro che l'amore che stanno vivendo è importante, che in esso c'è possibilità di conoscere Dio Amore, un Dio Amore che ama e li sta attirando a sé.

La coppia ospitante non deve preparare i partecipanti a tale sessione, dire cose particolari o chiedere di esprimere un commento alla fine. Alcuni partecipanti potrebbero infatti non sentirsi ancora pronti o a proprio agio per un confronto su questi temi con altre persone. Gli aspetti toccati nel DVD sono infatti profondi, vanno a toccare il cuore, e sono pensati per operare nel tempo, nei mesi successivi, nei momenti in cui le coppia si troverà a ripensare con gioia alle otto serate trascorse. Conviene pertanto concludere la serata in modo leggero, ponendo l'attenzione al corso intero, ringraziando i partecipanti, esprimendo la propria gioia nell'averli avuti ospiti ed il desiderio di non perdere i contatti e di ritrovarsi al più presto.

La candela Luce delle Nozze

Il DVD dell'ottava cena utilizza la candela "Luce delle Nozze", la quale mette in evidenza la bellezza dell'amore uomo-donna, ad immagine di Dio Amore, l'importanza di fondare la propria relazione sulla roccia di Dio Amore, ed infine Gesù, volto di un Dio innamorato che ci ama fino a darci tutto di sé.

La cena

L'ottava cena ha il carattere di festa di fine corso. Le coppie partecipanti hanno la possibilità di contribuire alla preparazione della cena, portando qualcosa. Rispetto alle prime sette, è lasciato molto più spazio per stare a tavola. E' bene in questa serata favorire una conversazione che aiuti le coppie partecipanti ad esprimere le emozioni vissute nel corso e i benefici che ha portato alla propria relazione di coppia.

Il dopo The Marriage Course

Il TMC ha il grande vantaggio di generare nelle coppie partecipanti un ricordo piacevole e romantico dell'esperienza vissuta. Crea inoltre un profondo senso di simpatia, affetto e fiducia nei confronti della coppia ospitante. Tutto questo favorisce la nascita di legami e amicizie al termine del corso.

E' frequente che al termine del corso le coppie partecipanti pongano a quelle ospitanti domande del tipo: "E adesso?", "Non ci troviamo più?", "C'è qualcos'altro?". Tali circostanze sono possibilità di invito ad ulteriori occasioni di incontro, ad esempio in parrocchia, in diocesi, in gruppi o movimenti, oppure ad altre iniziative nell'ambito del Progetto Mistero Grande a favore del matrimonio e della famiglia.

Molte coppie ospitanti sono solite, di tanto in tanto, richiamare le coppie dei precedenti TMC, per un ritrovarsi assieme, una cena, uno scambio di testimonianze. A volte con la visione di un video (ad esempio tra quelli scaricabili da www.misterogrande.org) seguita da una condivisione di gruppo o di coppia sul tema trattato.

Il The Parenting Course

Una iniziativa spesso apprezzata dai partecipanti del The Marriage Course è il The Parenting Course nella versione Children (per genitori ed educatori di bambini da 0 a 10 anni) o nella versione Teenagers (per genitori ed educatori di ragazzi da 11 a 18 anni), dei medesimi autori. Entrambi questi corsi sono offerti in Italia nelle medesime modalità del The Marriage Course. Per informazioni: www.misterogrande.org.

Nel cuore della Chiesa

Il The Marriage Course è strumento ecclesiamente valido, utilizzato in molte comunità cattoliche di tutto il mondo; aiuta gli sposi a ritrovare o rilanciare la bellezza dell'essere creati ad immagine e somiglianza di Dio e a mostrarne il cammino di crescita umana e spirituale.

"Dio creò l'uomo a sua immagine; a immagine di Dio lo creò;
maschio e femmina li creò".

Gen 1,28

"Ho avuto modo di vedere come il the Marriage Course sia una bella risorsa ecumenica che aiuta le coppie a investire con slancio nel loro matrimonio in modo reale, pratico e adatto alle sfide della vita moderna. Nel riscoprire la ricchezza della loro relazione attraverso il The Marriage Course, le coppie ritornano alla sorgente vera dell'amore - Dio - diventando testimoni di quell'amore ed esempio vivente di Chiesa domestica, raggiungendo ed evangelizzando altre coppie e famiglie nella parrocchia"

Arcivescovo Vincenzo Paglia,
Presidente del Pontificio Consiglio per la Famiglia

L'Arcivescovo Vincenzo Paglia con Nicky e Sila Lee

I materiali

Per l'ottava sessione, sono previsti i medesimi materiali delle precedenti sessioni a differenza di:

- Manuali per coppie partecipanti – ottava sessione

  da consegnare uno a coppia, contenente i contenuti dell'ottava sessione e gli esercizi di coppia

- Guida per coppie ospitanti – ottava sessione

  la presente guida, da usare come riferimento per i tempi della serata

- Le candele "Luce delle nozze" (facoltativa)

  E' la candela utilizzata nel video. Potrebbere essere bello disporre una di queste candele e accenderla durante la cena, per creare interesse, oppure regalarne una copia alle coppie partecipanti al termine del corso.

Per la musica di fondo della serata, si consiglia una musica di festa, di gioia, tra quelle già utilizzate nel corso delle sette cene. Quella che a vostro giudizio ha aiutato maggiormente i vostri ospiti ad entrare nel clima del corso.

Schema orario

La sessione si svolge in tre parti: la prima dedicata alla contemplazione della bellezza dell'amore uomo-donna, della relazione di coppia, del maschile e del femminile, ad immagine di Dio. La seconda rivolta all'autore dell'amore, al nome dell'amore, Dio Amore. La terza alla contemplazione di Gesù di Nazareth, volto di un Dio Amore innamorato, che ama il suo popolo attraverso segni concreti chiamati Sacramenti.

	Tempo	Note
Arrivo degli ospiti e drink di benvenuto	**10 min**	
Cena I tempo della cena è più prolungato. Il clima è quello della convivialità e della festa. Solo per quest'ultima sessione è possibile chiedere a tutte le coppie di partecipare alla realizzazione della cena, ad esempio portando qualcosa. Il tempo della cena può essere utilizzato per una condivisione sul corso.	**60 min**	
DVD: Sessione 8	**7 min**	
Esercizio breve: *il vostro primo incontro*	**5 min**	
DVD	**8 min**	
Esercizio lungo: *bellezza e fragilità della coppia* Mentre le coppie partecipanti svolgono l'esercizio, passate a servire tè, caffè e un dolcetto. Quando mancano cinque minuti allo scadere del tempo, avvisate i partecipanti: "avete ancora cinque minuti per questo esercizio".	**25 min**	
DVD	**10 min**	
Esercizio breve: *stupirsi della bellezza di lui/lei*	**10 min**	
DVD	**20 min**	

Conclusione e saluti Concludete il corso ringraziando i vostri ospiti per aver partecipato e consegnate loro le cartoline "Si attesta che" sulle quali avete riportato il codice del corso appena concluso. Spiegate che queste cartoline serviranno nel caso un giorno volessero diventare loro stesse coppie ospitanti. Fate notare che sul retro delle cartoline sono indicate delle modalità concrete per sostenere l'iniziativa del The Marriage Course in Italia. Consegnate poi i volantini della Fondazione Famiglia Dono Grande spiegando che al loro interno sono riportate informazioni di ulteriori iniziative a favore della relazione di coppia, del matrimonio, della famiglia e del rapporto genitori-figli. Molte coppie infatti al termine del corso desiderano proseguire il cammino di coppia iniziato attraverso nuove iniziative. Dite pure di portare con sé le penne e consegnate loro delle cartoline di invito o dei poster nel caso volessero invitare al corso conoscenti e amici.	**5 min**	
	Tot. 2 ore 40 min	

8 Il nome e il volto dell'Amore

Riepilogo

I setti raggi della ruota della vita di coppia:

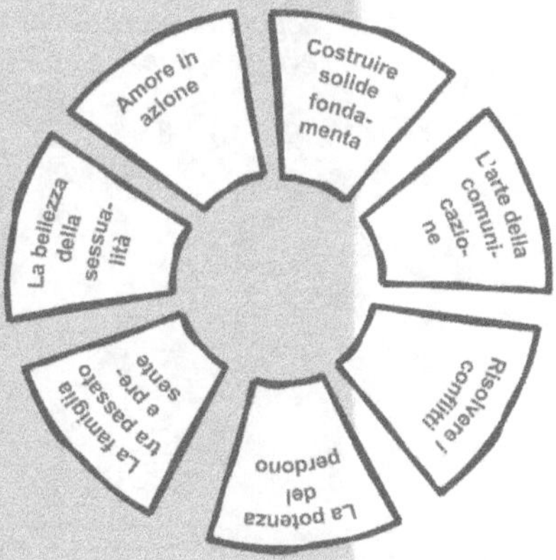

- rappresentano sette ambiti fondamentali
- consentono alla ruota di trasmettere il movimento dal mozzo al cerchio esterno e quindi a tutta la ruota
- sono gli ambiti dove lui e lei hanno la possibilità di sperimentare l'amore

1. L'Amore

Noi tutti nasciamo
con una esigenza di amore
infinito

Un'esigenza che ci spinge ad uscire, ad andare verso l'altro. Ma questa fame di amore ci supera, è insaziabile

Perché questa esigenza di amore infinito?

- Perché ci promettiamo un amore per sempre?
- Perché in alcuni momenti tra di noi vorremmo che il tempo si fermasse?
- Perché l'amore non ci basta mai?

La bellezza del maschile e del femminile

- Due cere a forma di triangolo a rappresentare il maschile e il femminile (non hanno stoppino). Quella blu lui, quella rosa lei

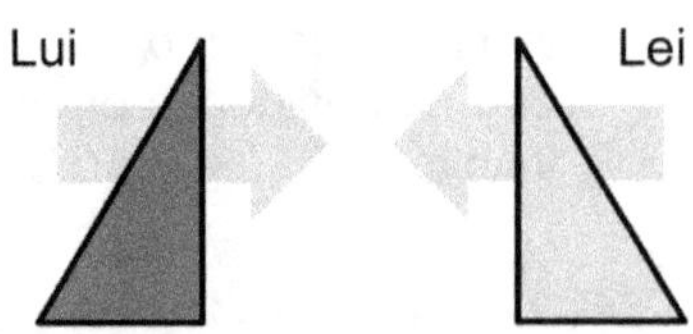

- Belli al singolare, così simili e nello stesso tempo così diversi

Note

L'amore è paziente, è benigno l'amore; non è invidioso l'amore, non si vanta, non si gonfia.

Non manca di rispetto, non cerca il suo interesse, non si adira, non tiene conto del male ricevuto. Non gode dell'ingiustizia, ma si compiace della verità.

Tutto copre, tutto crede, tutto spera, tutto sopporta. L'amore non avrà mai fine.

1Cor 13,4-8

Il corpo di lui richiama il corpo di lei e viceversa. I due si attraggono.

Note

- Insieme intraprendono un cammino di amore, si addentrano nel mistero dell'amore

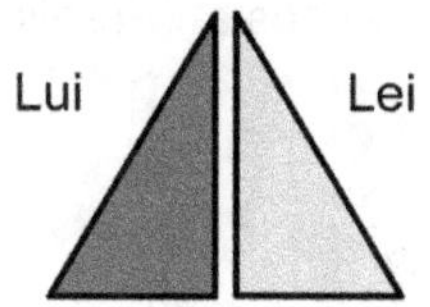

La loro bellezza al singolare diviene ora nuova realtà.
Un'immagine completa, una bellezza di unità

- Una bellezza che non rimane inosservata, in loro c'è un riflesso di impareggiabile bellezza

Esercizio 1 Fate memoria del vostro primo incontro. Cosa vi aveva colpito del vostro partner?

Lui:

____

____

____

____

Lei:

____

____

____

____

Le fragilità della vita di coppia

- I due sono belli ma pur sempre accostati, fragili, a rischio di separazione

- Travolti dalla routine, dalle cose di ogni giorno, potrebbero smettere di ricercare l'amore

Piano piano si fermano, smettono di esplorare, si accontentano, guardano altrove

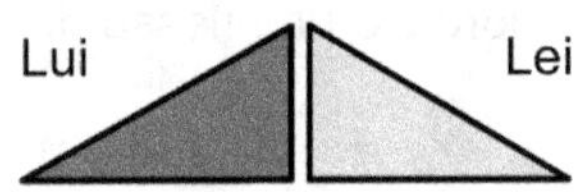

Quei vertici di amore si allontanano.

La spinta verso l'altro diminuisce, come pure la condivisione tra loro, il loro tempo di coppia

- L'amore sperimentato viene presto dimenticato. I due rivolgono l'attenzione altrove, si girano le spalle

Eppure tra di loro c'è un vuoto, un vuoto d'amore, una nostalgia di quel triangolo iniziale, di quell'amore assaporato agli inizi

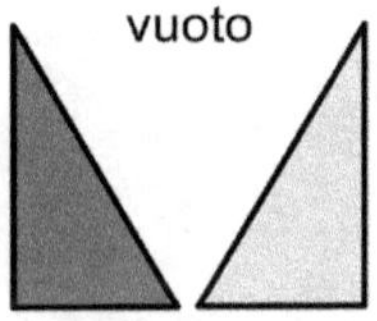

Note

Note

- Condividono pochissimo, sempre meno.
  Una relazione fragile, in costante pericolo di caduta, in balia degli eventi

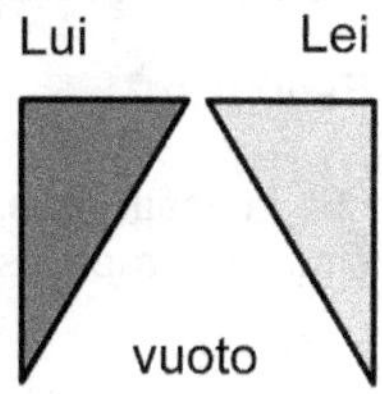

- Tra loro ancora quel vuoto. Percepiscono che quell'amore sperimentato all'inizio era la via giusta

- Possono giungere a perdere completamente quel riflesso iniziale di bellezza

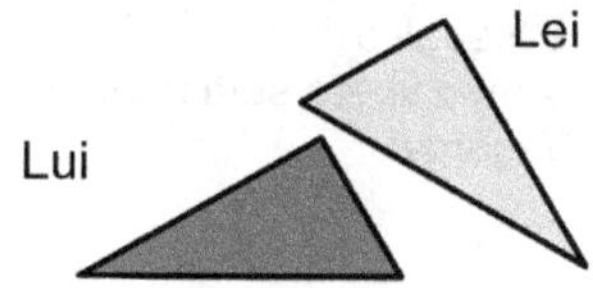

Uno domina sull'altro, nelle scelte per i figli, su quelle economiche, sulle amicizie, nella sessualità

- E infine le situazioni in cui la coppia si ripiega su se stessa, diviene ermetica alle relazioni esterne

Il triangolo iniziale non è più visibile. Hanno perso il ricordo di quella bellezza iniziale, quel desiderio di amore infinito.

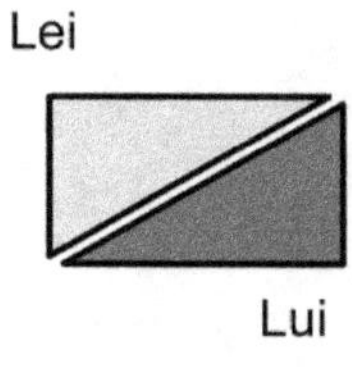

Si sta bene così, ci si accontenta delle abitudini, della routine

Perché coinvolgersi, mettersi in gioco, uscire dal "proprio mondo"?

Esercizio 2 Pensate a delle circostanze concrete dove vi sembra che la vostra relazione di coppia stia vivendo una delle situazioni rappresentate dalle figure qui a fianco.

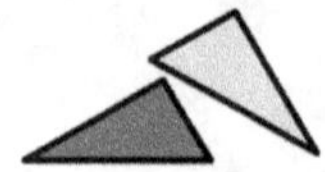

Lavorate singolarmente e poi confrontate le risposte. Aggiungete un proposito per migliorare la vostra relazione in quell'ambito

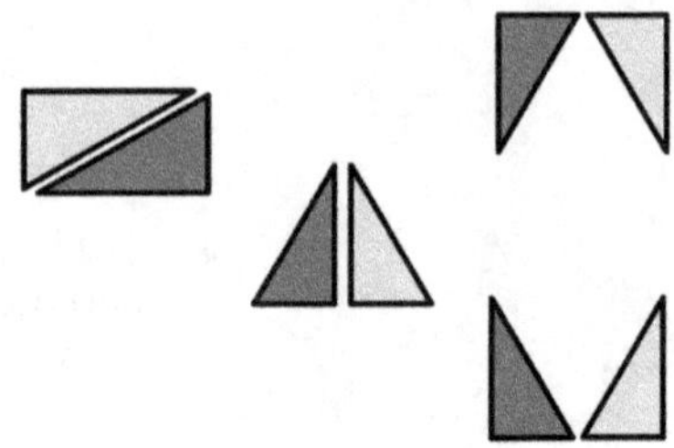

Ad esempio nella …

gestione soldi/spese
educazione dei figli
sessualità
tempo libero settimanale
vacanze

gestione problemi
scelta amicizie
religione
faccende di casa
problemi al lavoro

Lui:

Lei:

2. Il nome dell'Amore

L'amore è da Dio, chiunque ama è generato da Dio e conosce Dio … perché Dio è amore.

1Gv 4, 7-8

Quell'amore sperimentato,
ha un nome, una identità precisa,
si chiama:

Dio Amore

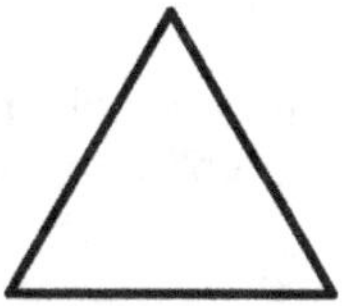

- Dio è in ogni nostro gesto di amore
- Quando amiamo, abbiamo la possibilità di conoscere Dio Amore e far conoscere Dio Amore a chi ci è vicino, al nostro partner

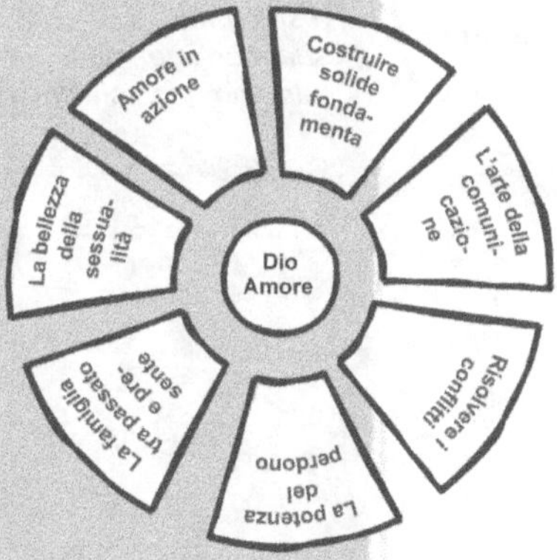

- Nel corso, Dio Amore è stato messo al centro della ruota della relazione di coppia
- L'amore ci rende ad immagine e somiglianza di Dio Amore

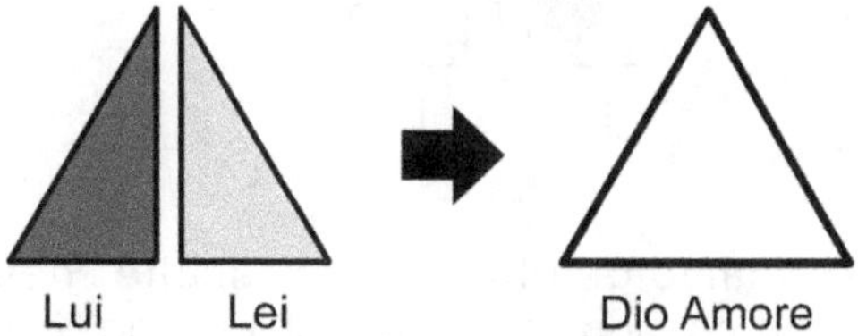

(qui rappresentato da una cera bianca a forma di triangolo)

- Nel giardino, ad Adamo ed Eva, Dio Amore dà loro il primo comandamento:

"siate fecondi e moltiplicatevi",
cioè:

AMATEVI

Perchè è nell'amore che Dio Amore fa conoscere il suo vero volto, la sua vera natura

- Un Dio Amore che si tiene nascosto, che non si impone, che vuole farsi conoscere attraverso i gesti di amore della coppia …

- … che lascia a noi il compito di farlo entrare nella vita della relazione di coppia. Ma, in che modo?

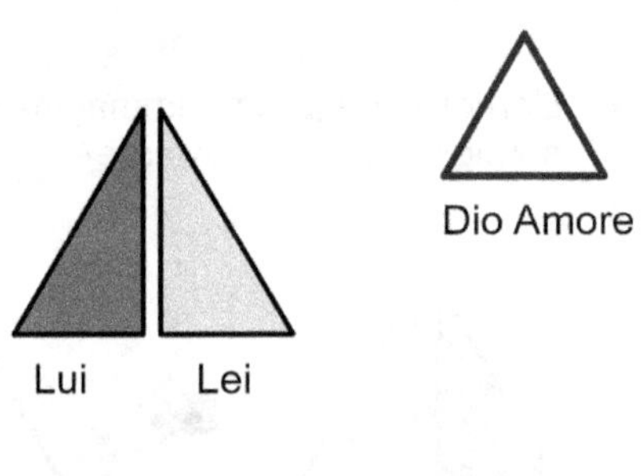

- Coinvolgendolo nelle scelte della giornata: dialogando con Lui, chiedendo consiglio, aiuto, ringraziandolo, salutandolo, ascoltando ciò che vuole dirci attraverso incontri, segni, intuizioni, letture

Note

Dio creò l'uomo a sua immagine; a immagine di Dio lo creò; maschio e femmina li creò.

Gen 1,27

Dio li benedisse e disse loro: "Siate fecondi e moltiplicatevi".

Gen 1,28

Per questo l'uomo abbandonerà suo padre e sua madre e si unirà a sua moglie e i due saranno una sola carne.

Gen 2,24

Note

- Con Dio Amore, la loro vita al singolare e di coppia diviene più solida, forte, stabile. Non più basata sulle proprie forze, capacità e buona volontà

... ma su Dio Amore

Lui

Lei

Dio Amore

- Coinvolgendo Dio Amore nella propria vita di coppia, i due imparano a guardarsi alla luce di Dio Amore, con lo stupore e la tenerezza di Dio Amore

Lui

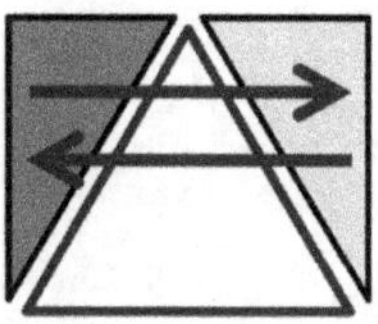

Lei

Dio Amore

Dio vide quanto aveva fatto, ed ecco, era cosa molto bella.

Gen 1,31

- Alla luce di Dio Amore, scoprono la bellezza dell'altro, del maschile e del femminile, dell'essere complementari, dell'essere coppia, di essere "cosa molto bella" (Gen, 1,31)

Esercizio 3

Provate a soffermarvi e ad annotare cinque tratti che ammirate del corpo e del carattere del vostro partner. Riflettete poi sul fatto che è Dio Amore l'architetto di quel particolare, e che l'ha creato come dono per voi. Se ve la sentite, formulate una preghiera di ringraziamento a Dio Amore, oppure un messaggio di apprezzamento rivolto al partner, per questi particolari.

spazio per lui:

spazio per lei:

3. Il volto dell'Amore

- Dio Amore non si è accontentato di un amore a distanza

Da sempre invisibile, solo annunciato, si presenta al suo popolo con un volto. Il volto di un

innamorato

- I profeti lo avevano preannunciato proprio così:

"Come un giovane sposa una vergine, così ti sposerà il tuo architetto; come gioisce lo sposo per la sposa, così il tuo Dio gioirà per te" Is 62,5

- Ma in che modo questo è accaduto?

?

- Nel Vangelo di Giovanni, la risposta:

"E la Parola si fece carne e venne ad abitare in mezzo a noi" Gv 1,14

La condurrò nel deserto
e parlerò al suo cuore.

Os 2,16

Ti farò mia sposa per sempre, ti farò mia sposa nella giustizia e nel diritto,
nella benevolenza e nell'amore.

Os 2,21

Come un giovane sposa una vergine,
così ti sposerà il tuo architetto;
come gioisce lo sposo per la sposa,
così il tuo Dio gioirà per te.

Is 62,5

Note

- Dio Amore nella persona del figlio Gesù
  si fa carne, si rende visibile, toccabile, comunicabile.

Finalmente Dio Amore
ha un
volto

Gesù

- Viene nel mondo
  attraverso Gesù per
  incontrare la sua innamorata, la sua sposa comunità e
  celebrare le sue nozze

- Unisce il suo SI con il SI di una donna giovanissima, Maria, in quel momento a rappresentare tutta l'umanità (il **SI+SI**)

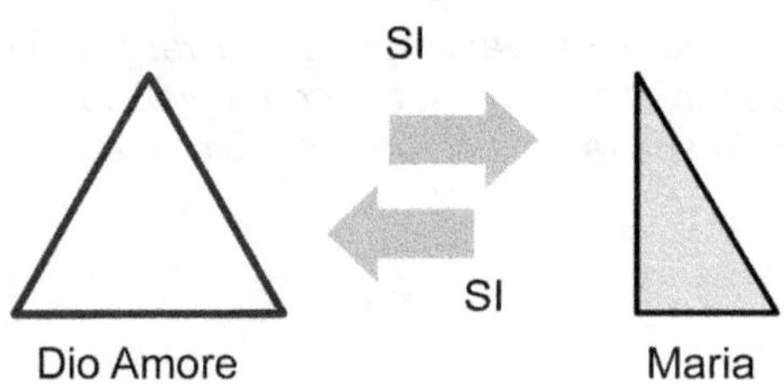

- In Maria sono celebrate le nozze di Dio con l'umanità. E non solo con un gruppo di persone, ma con tutti

- E come in un vero matrimonio,
  che non si conclude con il giorno delle nozze, ma che
  da quel giorno ha inizio …

Note

Ecco, io sono con voi tutti i giorni, fino alla fine del mondo.

Mt. 18,20

… Gesù ha voluto rimanere fisicamente e permanentemente con ogni uomo e donna che da quel momento in poi l'avessero accolto nella propria vita

- Per attuare questo magnifico piano d'amore ha consegnato ai suoi apostoli, alla Chiesa di allora e a quella di oggi, non solo la Parola ma anche dei segni chiamati:

Sacramenti

- Segni concreti di un Dio innamorato che vuole abbracciare, toccare, ascoltare, dialogare con la sua innamorata, tutti noi

Il Battesimo

Mediante il Battesimo diventiamo membra di Cristo; siamo incorporati alla Chiesa e resi partecipi della sua missione.

CCC 1213

Con il Battesimo Gesù rende i figli di Dio Amore parte del suo corpo, carne della sua carne

Attraverso i battezzati, Gesù può raggiungere fisicamente tutti i figli di Dio Amore per far conoscere il suo Amore

Ogni persona battezzata è possibilità di incontro con Gesù vivo

L'Eucaristia

Un altro di questi segni è il pane consacrato, chiamato Eucaristia

Con l'Eucaristia, Gesù ha voluto che quel gesto sulla croce di donazione del suo Corpo si rinnovasse con noi anche oggi

Il suo desiderio di unisi ai nostri corpi è così grande da offrirci la possibilità di mangiare il suo Corpo glorioso presente nell'Eucaristia

Quale dono e intimità più grande
di questa?

La Riconciliazione

Con questo Sacramento, Gesù vuole donarci il suo sguardo, le sue parole, i suoi gesti, vuole dirci che non si scandalizza dei nostri errori e che ci ama sempre, senza condizioni

Come il cuore di un padre buono, ci aspetta per darci il suo perdono, per comunicarci la sua gioia per il nostro ritorno, per incoraggiarci

Non si accontenta di un gesto a distanza, ma vuole essere Lui ad ascoltare, a parlare, a benedire, ad abbracciare, e lo fa attraverso un sacerdote

Note

Nel Santissimo Sacramento dell'Eucaristia è contenuto veramente, realmente, sostanzialmente il Corpo e il Sangue di nostro Signore Gesù Cristo, con l'anima e la divinità e, quindi, il Cristo tutto intero.

CCC 1374

Un segno chiaro di ciò è il fatto che Gesù ammette i peccatori alla sua tavola; più ancora, egli stesso siede alla loro mensa, gesto che esprime in modo sconvolgente il perdono di Dio e, nello stesso tempo, il ritorno in seno al popolo di Dio.

CCC 1443

Il Sacramento delle Nozze

Il Sacramento delle Nozze è un'altra via scelta da Gesù per rendersi visibile, toccabile, vicino a tutti i suoi figli

Lui e lei vivendo nell'amore erano già immagine e somiglianza di Dio Amore

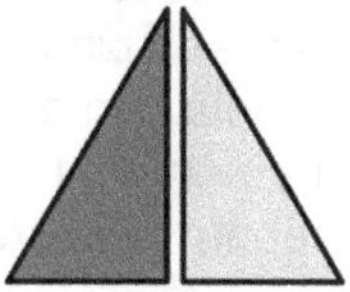

La grazia del sacramento perfeziona così l'amore umano dei coniugi, consolida la loro unità indissolubile e li santifica nel cammino della vita eterna.

CCC 1661

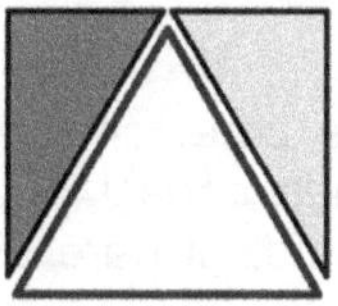

Avevano già quella bellezza, avevano già la possibilità di coinvolgere Dio Amore nella loro vita di coppia

Con il Sacramento delle Nozze, Gesù direttamente, in persona, vuole attualizzare, ripresentare attraverso gli sposi, il suo abbraccio permanente

Cristo Signore ... Viene incontro ai coniugi cristiani attraverso il Sacramento del matrimonio. Inoltre rimane con loro ...

Conc. Vat. II,
GS 48

Con l'Eucaristia, Gesù non può camminare, incontrare, ascoltare, parlare

... ma ciò che non può con l'Eucaristia, lo può fare mediante, attraverso, le coppie di sposi

Attraverso gli sposi, vuole entrare in contatto, vuole guardare da vicino, vuole invitare a cena, vuole ascoltare, vuole incoraggiare, vuole dire vieni e seguimi ...

Note

I Sacramenti, segni efficaci della presenza di Gesù risorto che vuole continuare a stare con noi per offrire a tutti i suoi doni

- Con Gesù,
la presenza di Dio Amore nella coppia non è più solo una immagine, un accostamento, seppur bello, di colori

Due cere anche belle ma che non non si sciolgono, non servono a nulla.

- Gesù è il fuoco che fonde le due cere, che rende piena l'unione dei due, che li rende capaci di dare luce, di unirsi nel corpo e nell'anima, di dare pieno significato alla loro relazione

Le cere sono fatte per sciogliersi, così come ogni uomo e ogni donna. Sono fatti per donare tutto di sè

- Solo la cera bianca ha lo stoppino, possibilità di luce, di fondersi, di unità piena

- Le cere blu e rosa sono belle ma da sole non sono in grado di accendersi, di fondersi

Note

- Gesù è il modello dell'Amore. Ci ha insegnato a donare tutto, a sciogliersi completamente per Amore

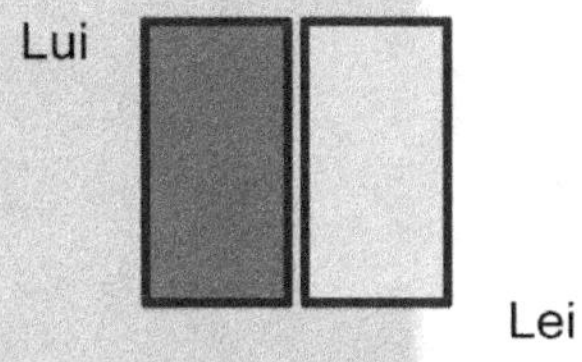

All'inizio della loro relazione, prevalevano le singolarità, i caratteri, le abitudini delle famiglie di origine
(il blu e il rosa)

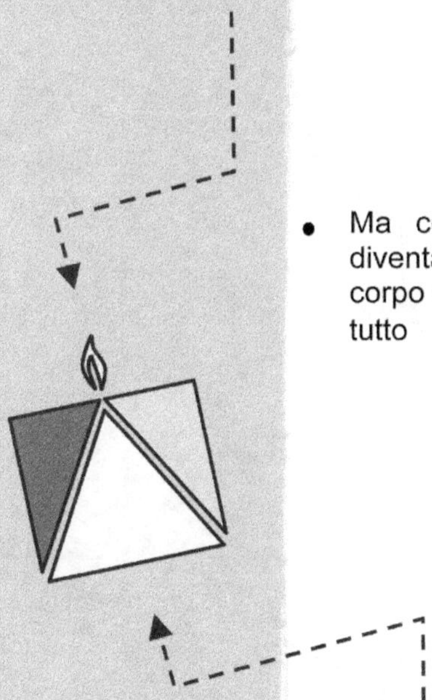

- Ma con Gesù, al fondersi delle cere, i due diventano sempre più capaci di diventare un solo corpo e un solo spirito, capaci di amarsi fino a dare tutto

Fino a sciogliersi completamente e al termine del cammino poter dire: ti ho dato tutto, non mi sono tenuto niente

Il blu e il rosa saranno allora completamente immersi nel bianco

- Infine un ultimissimo sguardo alla ruota della relazione di coppia

… all’esterno troviamo impegno e dedizione …

- Il cerchio esterno è la vostra volontà a non mollare mai e ad investire in questo cammino iniziato verso la pienezza dell’amore di coppia

- Non smettete mai di sognare in grande per la vostra relazione di coppia

- Fate crescere questo amore, perché in esso vi è un Dio Amore innamorato che vi sta attirando a sé

Note

Conclusioni

Carissime
coppie ospitanti,

siamo contentissime che abbiate completato questo prezioso servizio nella vostra casa con amore, gioia e nelle completa gratuità.

Se desiderate approfondire con altri strumenti e modalità il dono della relazione di coppia, della grazia del Sacramento del matrimonio, dell'essere genitori, vi rimandiamo al volantino pieghevole presente nelle materiali consegnati o al sito internet:

www.misterogrande.org

all'interno dei quali potrete conoscere altre iniziative del Progetto Mistero Grande, come ad esempio il The Parenting Course, degli stessi Nicky e Sila Lee. Potrete trovare informazioni, documenti, video, testimonianze di esperienze, proposte formative e di preghiera sempre riguardanti la relazione di coppia, il matrimonio e la famiglia.

Sempre dal sito o scrivendo a info@misterogrande.org potrete inoltre richiedere la candela "**Luce delle Nozze**", presentata nel corso dell'ottava sessione.

Un caro abbraccio da tutti noi

Il team del TMC Italia
Fondazione Famiglia Dono Grande

www.ingramcontent.com/pod-product-compliance
Lightning Source LLC
LaVergne TN
LVHW010747270826
846327LV00013B/93